BEI GRIN MACHT SICH IHR WISSEN BEZAHLT

Bibliografische Information der Deutschen Nationalbibliothek:

Die Deutsche Bibliothek verzeichnet diese Publikation in der Deutschen National-
bibliografie; detaillierte bibliografische Daten sind im Internet über http://dnb.d-
nb.de/ abrufbar.

Impressum:

Copyright © 2016 GRIN Verlag, Open Publishing GmbH
Druck und Bindung: Books on Demand GmbH, Norderstedt Germany
ISBN: 9783668603936

Dieses Buch bei GRIN:

https://www.grin.com/document/385126

Manuel Knubel

Trainingslehre Koordination und Beweglichkeit

GRIN Verlag

GRIN - Your knowledge has value

Der GRIN Verlag publiziert seit 1998 wissenschaftliche Arbeiten von Studenten, Hochschullehrern und anderen Akademikern als eBook und gedrucktes Buch. Die Verlagswebsite www.grin.com ist die ideale Plattform zur Veröffentlichung von Hausarbeiten, Abschlussarbeiten, wissenschaftlichen Aufsätzen, Dissertationen und Fachbüchern.

Besuchen Sie uns im Internet:

http://www.grin.com/

http://www.facebook.com/grincom

http://www.twitter.com/grin_com

Deutsche Hochschule für
Prävention und Gesundheitsmanagement
Hermann Neuberger Sportschule 3
66123 Saarbrücken

Einsendeaufgabe

Fachmodul:	Trainingslehre III
Studiengang:	Gesundheitsmanagement
Datum Präsenzphase:	26.09. - 28.09.2016

Name, Vorname:	Knubel Manuel
Studienort:	**Köln**
Semester:	**WS2014**

Inhaltsverzeichnis

1 Personendaten

Bei der Erfassung der allgemeinen und biometrischen Daten hilft ein zuvor erstellter Anamnese- oder Diagnosebogen. Dieser Bogen sollte so angelegt sein, dass ausreichend Informationen über die Person in Erfahrung gebracht werden können (z.B. Trainingsalter, Trainingsmotive, Zeitbudget, allgemeine Befindlichkeit, etc.), welche in den nächsten Teilabschnitt der Trainingssteuerung mit einfließen und bei der Zielsetzung und Trainingsplanung berücksichtigt werden müssen. Gleichzeitig gibt der Anamnesebogen Aufschluss darüber, ob Kontraindikationen vorliegen, so dass gegebenenfalls Muskelgruppen oder Bereiche in der Trainingsplanung auszuschließen sind. Außerdem dient ein solcher Bogen als roter Faden in der Gesprächsführung, entspannt die Situation zwischen Trainer und Kunden und sorgt dafür, dass keine Informationen verloren gehen.

Tab. 1: Anamnese Bogen persönliche Angaben

Anamnese Bogen	
Datum: 30.09.2016 Uhrzeit: 09:15 Uhr	
Persönliche Angaben	
Name: Herr B. J.	**Alter:** 31 Jahre
Beruf: Soldat	**Belastung:** Abwechslungsreich; 50 % sitzende Tätigkeit, 50 % Bewegung
Frühere und aktuelle sportliche Aktivitäten:	
- spielt seit seinem 5. Lebensjahr Fußball, zurzeit 1x die Woche, 1 ½Std. - fährt jeden Tag mit dem Rad 4km zur Arbeit hin und wieder zurück. - 1-2x die Woche längere Distanzen, 50-90km Touren. - 3-4x 60 min. funktionelles Krafttraining.	
Training Std./Woche: 10-14 Stunden pro Woche	
Trainingsziele:	
1. allgemeine Beweglichkeit erhalten 2. im Bereich des Schultergürtels sowie im Hüft-, Knie-, Sprunggelenk, Mobilität verbessern (Schwerpunkt saubere Ausführung im f. Krafttraining). 3. Psychisches und physisches Wohlbefinden steigern	
zeitlicher Verfügungsrahmen:	
2-3x pro Woche (30 Min.) im Anschluss des funktionellen Kräftigungstraining	
letztes Belastungs- EKG:	April 2016 o.B.
letzter Schilddrüsen- Test:	Januar 2016 o.B.
Raucher? Wenn ja, wie viel:	Nein
Bekannte Herzkreislaufbeschwerden:	-
Medikation:	-

Tab. 2: Anamnese Bogen Befunde und Untersuchungsergebnisse

Orthopädische Vorerkrankungen					
Beschwerden:					
HWS < X >	BWS < >	LWS < X >	Schulter < >	Hüfte < >	Knie < >
Erläuterung:					
2010 Bandscheibenvorfall im Hals- und Lendenwirbelbereich, wurde im Einsatz angesprengt. OP 2010. Im Anschluss Reha sowie regelmäßiges Stabilisationstraining. Seit 2013 ohne Beschwerden. Ärztliches Attest liegt vor, keine Bedenken bezüglich der Belastungen.					

Allgemeine Beschwerdebilder	
< X > hohe Stressbelastung im Alltag	< X > Muskuläre Verspannungen

Untersuchungen:	
Größe: 186 cm	Gewicht: 88 kg
Ruhe-RR: 115 / 75 mmHg	Tagespuls: 76 S/min
BMI: 25,4 kg/m²	Körperfettanteil: 13 %
Taillenumfang: 92 cm	Hüftumfang: 102 cm
Taille-Hüft- Quotient: 0.90	

Bei der Auswertung des Anamnesebogens kann der Trainer, neben den im Gespräch entstanden optischen Eindrücken, Informationen über die internistischen und orthopädischen Vorerkrankungen entnehmen. Diese fließen anschließend in die Beurteilung der Belastbarkeit sowie in die Trainierbarkeit ein.

Bei der oben aufgeführten Person liegen keine internistischen Einschränkungen vor. Lediglich die operativen Eingriffe an HWS und LWS sind zu berücksichtigen und bedürfen einer besonderen Beobachtung bei der Bewegungsausführung. Aufgrund der ärztlichen Bescheinigung ist eine fachliche Absicherung gegeben. Daher ist der Kunde durch den optischen gewonnen Eindruck, den erhobenen allgemeinen und biometrischen Daten, seiner langjährigen Trainingserfahrung, seine durch seinen Beruf geschulten physischen und psychischen Belastungsfähigkeit sowie der aktuellen Trainingshäufigkeit von 10-14 Stunden pro Woche als sehr leistungsfähig einzustufen.

2   Beweglichkeitstestung

Um das Training gezielt steuern zu können, bedarf es, neben der Erhebung der allgemeinen und biometrischen Daten, einer Diagnostik.

Der Kunde wird mittels eines manuellen Beweglichkeitstests in Anlehnung an Jandas Muskelfunktionsprüfung untersucht (Janda, 2000). Dabei werden die unten nachfolgenden Muskelgruppen getestet. Begonnen wird immer mit der rechten Seite, um einen einheitlichen Ablauf der Testung zu gewährleisten.

2.1 Brustmuskulatur (M. pectoralis major)

Tab. 3: Testung M. pectoralis major

Ausführung (nach Janda, 2000, S. 270):
Einnahme der Rückenlage auf einer Behandlungsliege oder festem und stabilen Untergrund (Tisch). Der Kunde richtet seine zu testende Körperseite am Rand der Liege aus. Dabei winkelt er die Beine an und stellt die Füße auf die Auflagefläche. Diese Positionierung gewährleistet eine Fixierung des Beckens und der Lendenwirbelsäule und vermeidet das Anheben des Beckens und eine Hyperlordose in der LWS. Zur Stabilisierung der LWS wird der Kunde angewiesen, während der Testung die Buchmuskulatur anzuspannen. Der zu testende Arm wird im Ellenbogengelenk um 90° gebeugt, im Schultergelenk abduziert und nach außen rotiert. Durch einen leichten Zug des Testers mit der Hand/Unterarm diagonal zur Richtung der zu testenden Seite wird die Ausweichbewegung des Thorax vermieden. Gemessen wird der Abstand des Oberarms zur Horizontalen.
Bewertung (nach Janda, 2000, S. 271):
Stufe 0 = Oberarm erreicht Horizontale; kein Beweglichkeitsdefizit
Stufe 1 = Oberarm erreicht Horizontale durch Druck des Testers; leichtes Beweglichkeitsdefizit
Stufe 2 = Oberarm erreicht Horizontale auch durch Druck des Testers nicht;
deutliches Beweglichkeitsdefizit
Ergebnis:
Rechts: 0   Links: 0

2.2 Hüftbeugemuskulatur (M. iliopsoas)

Tab. 4: Testung M. iliopsoas

Ausführung (nach Janda, 2000, S. 258):
Einnahme der Rückenlage auf einer Behandlungsliege, mit dem Gesäß am Rand und die Beine befinden sich im Überhang. Der Kunde winkelt ein Bein an, umschließt das Bein mit beiden Händen unterhalb des Knies und zieht das Bein maximal an den Körper heran. Dabei kann er vom Tester unterstützt werden. Zur Stabilisierung und Vermeidung einer Abhebung des Beckens oder Hyperlordose im Lendenwirbelbereich sollte das Bein bis zur maximalen Hüftbeugung Richtung Oberkörper gezogen werden. Dabei ist die Hüftflexion des freien Beines durch den Trainer zu beobachten. Gemessen wird der Abstand des Oberschenkels zur Horizontalen.
Bewertung (nach Janda, 2000, S.259):
Stufe 0 = Oberschenkel erreicht Horizontale; kein Beweglichkeitsdefizit
Stufe 1 = Oberschenkel erreicht Horizontale durch Druck des Testers; leichtes Beweglichkeitsdefizit
Stufe 2 = Oberschenkel erreicht Horizontale auch durch Druck des Testers nicht;
deutliches Beweglichkeitsdefizit
Ergebnis:
Rechts: 0   Links: 0

2.3   Kniestreckmuskulatur (M. rectus femoris)

Tab. 5:   Testung M. rectus femoris

Ausführung (nach Janda, 2000, S. 258):
Einnahme der Rückenlage auf einer Behandlungsliege, mit dem Gesäß am Rand und die Beine befinden sich im Überhang. Der Kunde winkelt ein Bein an, umschließt mit beiden Händen unterhalb des Knies und zieht das Bein maximal an den Körper heran. Zur Stabilisierung und Vermeidung einer Abhebung des Beckens oder Hyperlordose im Lendenwirbelbereich sollte das Bein bis zur maximalen Hüftbeugung Richtung Oberkörper gezogen werden. Der Tester fixiert das andere Bein im maximalen Hüftextensionswinkel und führt die Hacke maximal Richtung Gesäß. Dabei sollte die Beugung des Kniegelenks nicht durch die Liege behindert werden. Gemessen wird der Winkel zwischen Ober- und Unterschenkel.
Bewertung (nach Janda, 2000, S. 259):
Stufe 0 = Unterschenkel hängt senkrecht herab; kein Beweglichkeitsdefizit
Stufe 1 = Unterschenkel erreicht 90° im Kniegelenk durch Druck des Testers;   leichtes Beweglichkeitsdefizit
Stufe 2 = Unterschenkel erreicht 90° im Kniegelenk auch durch Druck des Testers nicht;   deutliches Beweglichkeitsdefizit
Ergebnis:
Rechts: 0   Links: 0

2.4   Kniebeugemuskulatur (Mm. ischiocrurales)

Tab. 6:   Testung M. ischiocrurales

Ausführung (nach Janda, 2000, S. 261):
Einnahme der Rückenlage auf einer Behandlungsliege. Der Kunde winkelt die Beine an und stellt die Füße auf die Auflagefläche. Diese Positionierung gewährleistet eine Fixierung des Beckens und der Lendenwirbelsäule und vermeidet das Anheben des Beckens und eine Hyperlordose in der LWS. Das zu testende Bein wird vom Tester maximal in der Hüfte gebeugt, dabei ist auf eine permanente Streckung im Kniegelenk sowie die Ausgangsposition des Standbeins zu achten. Gemessen wird der Winkel zwischen Bein- und Körperlängsachse.
Bewertung (nach Janda, 2000, S. 262):
Stufe 0 = Hüftflexion im Ausmaß von 90° möglich; kein Beweglichkeitsdefizit
Stufe 1 = Hüftflexion im Ausmaß zwischen 80-90° möglich; leichtes Beweglichkeitsdefizit
Stufe 2 = Hüftflexion nur unter 80° möglich; deutliches Beweglichkeitsdefizit
Ergebnis:
Rechts: 0   Links: 0

2.5 Wadenmuskulatur (Mm. triceps surae)

Tab. 7: Testung M. triceps surae

Ausführung (nach Janda, 2000, S. 255):
Einnahme der Rückenlage auf einer Behandlungsliege. Der Kunde winkelt die Beine an und stellt die Füße auf die Auflagefläche. Das zu testende Bein wird gestreckt und ragt unterhalb des Knies über den Rand der Liege hinaus. Der Tester umschließt die Ferse mit der einen Hand und greift die Vorfußaußenkante mit der anderen Hand. Dabei übt er den Hauptzug auf die Ferse aus, indem er sie vom Körper wegzieht und mit dem Daumen der anderen Hand leichten Druck auf den Vorfuß Richtung Schienbein gibt. Gemessen wird die maximalmögliche Dorsalextension.
Bewertung (nach Janda, 2000, S. 255):
Stufe 0 = Dorsalextension bis 0° möglich; kein Beweglichkeitsdefizit
Stufe 1 = Dorsalextension möglich; 0° wird nicht ganz erreicht; leichtes Beweglichkeitsdefizit
Stufe 2= Dorsalextension nur bis 10° unter 0°-Stellung möglich; deutliches Beweglichkeitsdefizit
Ergebnis:
Rechts: 0   Links: 0

2.6 Beurteilung

Muskelfunktionstests geben sowohl Aufschluss über die Beweglichkeit als auch die Kraftfähigkeit ausgewählter Muskelgruppen und zeigen eventuelle muskuläre Bewegungsdefizite auf, die bei der Zielsetzung und Trainingsplanung berücksichtigt werden müssen. Des Weiteren dienen die gewonnen Ergebnisse als Referenzwerte in der Trainingssteuerung. Die Beweglichkeit wird von vielen Faktoren beeinflusst und gibt Aufschluss über den Trainingszustand, die Ausprägung der Muskelmasse und das Fett- und Bindegewebe. Weitere Kriterien, die gerade bei der Beweglichkeitstestung eine große Rolle spielen, sind die Umgebungstemperatur sowie die Körper- und Muskeltemperatur. Des Weiteren kommen individuelle Faktoren wie Alter, Geschlecht, gesundheitlicher Zustand und hormonelle Situation zum Tragen. Außerdem ist die Tageszeit und der Biorhythmus sowie psychische Beanspruchung, Stress und Entspannung ein nicht zu vernachlässigender Indikator für die Leistungsfähigkeit am Tag einer Beweglichkeitstestung (Klee & Wiemann, 2005). Aufgrund der Vielzahl von Variablen und der individuellen Auslegung von Schmerztoleranzen werden diese Messverfahren als semi-objektiv eingestuft. Sie sind zudem sehr zeitintensiv und es bedarf sehr viel Erfahrung der Testleiter im Rahmen der Muskelfunktionsdiagnostik.

Beim Kunden sind im Rahmen der Testauswertung der getesteten Muskelgruppen keine Bewegungsdefizite zu erkennen, somit ist keine Schwerpunktbildung in der Trainingsplanung erforderlich. Jedoch gilt es zu berücksichtigen, dass hier die Muskelgruppen

isoliert getestet worden sind und vereinzelte intermuskulären Bewegungs- und Kraftde-
fizite vorliegen können, die im Rahmen eines komplexeren Testverfahrens ermittelt
werden müssten.

3 Trainingsplanung Beweglichkeitstraining

Dem Kunden wird ein allgemeines Beweglichkeitstraining erstellt. Dabei sind sowohl
die theoretischen Grundlagen nach Schönthaler und Ohlendorf (2002), als auch die zu
differenzierenden kurz-, mittel- und langfristigen Effekte des Dehnens nach Wydra,
Glück und Roemer (1999) zu berücksichtigen. Gleichzeitig spielen die im Anamnesebogen geäußerten Trainingsziele und die unter Punkt 2.1- 2.5 diagnostizierten und beur-
teilten Bewegungsamplituden eine wichtige Rolle. Es müssen alle Hauptmuskelgrup-
pen, unter zu Hilfe-nahme der verschiedenen methodischen Vorgehensweisen (Dehn-
methoden), gleichermaßen berücksichtigt werden.

In den nachfolgenden Tabellen werden die Dehnübungen vorgestellt.

Tab. 8: Dehnung der Hals- und Nackenmuskulatur

Zielmuskulatur:	- M. sternocleidomastoideus - M. sternothyreoideus - M. omohyoideus - M. trapezius pars descendens - Mm. scaleni		
Dehnmethode:	aktiv	Arbeitsweise:	dynamisch
Reizumfang:	3 pro Seite	Reizdauer:	Max. 15 Wiederholung pro Bewegungsrichtung
Reizintensität:	maximale Bewegungsreichweite		
Beschreibung:	Ausgang ist ein gerader aufrechter Stand mit hängenden Schultern. Langsame Drehung des Kopfes nach rechts und nach links, das Kinn bleibt parallel zum Boden. Anschließend den Kopf vorbeugen bis das Kinn die Brust berührt und Spannungsgefühl im Nacken einsetzt, dann den Kopf in den Nacken nehmen.		

Tab. 9: Dehnung der hinteren Schultermuskeln

Zielmuskulatur:	- M. trapezius - M. deltoideus pars spinata		
Dehnmethode:	Passiv	Arbeitsweise:	statisch
Reizumfang:	3 pro Seite	Reizdauer:	30 Sek.
Reizintensität:	Etwas unter maximaler Bewegungsreichweite		
Beschreibung:	Schulterbreiter Stand mit leicht gebeugten Kniegelenken den linken Ellenbogen umfassen. Den linken gestreckten Ellenbogen leicht schräg nach rechts oben in Richtung gegenüberliegender Schulter ziehen. Blickrichtung nach vorne, den Kopf nicht drehen.		

Tab. 10: Dehnung der Schultergürtel-, Arm- und Brustmuskulatur.

Zielmuskulatur:	- M. pectoralis major - M. pectoralis minor - M. deltoideus, pars clavicularis - M. biceps bracii - M. biceps brachialis - M. subscapularis		
Dehnmethode:	Passiv	Reizumfang:	3 pro Seite
Arbeitsweise:	Statisch	Reizdauer:	30 Sekunden
Reizintensität:	Etwas unter maximaler Bewegungsreichweite		
Beschreibung:	Im Vierfüßlerstand wird der Oberkörper nach vorne- unten geneigt. Der linke Arm ist in Schulterhöhe zur Seite gestreckt. Die Hand liegt flach auf dem Boden. Der rechte Arm bleibt aufgestellt und wird ≥ 90° gebeugt. Zur Steigerung des Dehnungsreizes die linke Schulter weiter absenkt.		

Tab. 11: Dehnung der Rumpfmuskeln

Zielmuskulatur:	- M. trapezius - M. pectoralis minor - M. deltoideus - M. latisimus dorsi - M. obliquus externus abdomionis - M. glutaeus maximus - M. quadratus lumborum ? - (M. tensor fasciae latae)		
Dehnmethode:	Aktiv	Arbeitsweise:	Statisch
Reizumfang:	3 pro Seite	Reizdauer:	30 Sekunden
Reizintensität:	Maximale Bewegungsreichweite		
Beschreibung:	Ausgang ist der Vierfüßlerstand. Das linke Bein wird gestreckt und über die Körpermitte nach hinten rechts über das rechte Bein geschoben. Dabei wird der Oberkörper und das Gesäß soweit es geht nach hinten unten abgesenkt. Die Oberarme befinden sich parallel zum Kopf, die Handflächen berühren den Boden. Wenn möglich, wird der Oberkörper auf dem Boden und dem rechten Oberschenkel abgelegt. Nach Einnahme dieser Position findet eine Seitneigung zur rechten Seite statt, dabei können die Hände unterstützen. Bei der Draufsicht von oben sollte die Lage an ein „C" erinnern.		

Tab. 12: Dehnung der Wirbelsäule

Zielmuskulatur:	- M. erector spinae		
Dehnmethode:	Passiv	Arbeitsweise:	Dynamisch
Reizumfang:	3 pro Seite	Reizdauer:	2-3 Sekunden
Reizintensität:	Maximale Bewegungsreichweite		
Beschreibung:	Ausgehend von dem Fersensitz den Oberkörper nach vorne neigen. Den Oberkörper auf den Oberschenkeln ablegen, Kopf zwischen den Knien ablegen und hängen lassen, Arme nach hinten ablegen und den Rücken „rund" machen.		

Tab. 13: Dehnung der Rumpfmuskulatur

Zielmuskulatur:	- M. pectoralis major - M. serratus anterior - M. rectus abdominis - M. obliquus externus abdominis - M. obliquus internus abdominis - M. transversus abdominis		
Dehnmethode:	Passiv	Arbeitsweise:	dynamisch
Reizumfang:	3 pro Seite	Reizdauer:	15 Wiederholungen
Reizintensität:	Maximale Bewegungsreichweite		
Beschreibung:	Hilfsmittel: Handtuch, Besenstiel oder Stock. Mit leichtgebeugten Knien im aufrechten Stand wird der Stiel vor dem Oberkörper umfasst. Die Griffweite richtet sich nach der individuellen Beweglichkeit. Mit gestreckten Armen wird der Stiel langsam über den Kopf hinter den Körper geführt und wieder zurück. Dabei sollte versucht werden, die Bewegungsamplitude zu steigern.		

Tab. 14: Dehnung der Bauchmuskulatur

Zielmuskulatur:	- M. sternothyreoideus - M. omohyoideus - M. pectoralis major - M. serratus anterior - M. rectus abdominis - M. obliquus externus abdominis - M. obliquus internus abdominis - M. transversus abdominis		
Dehnmethode:	Passiv	Arbeitsweise:	Statisch
Reizumfang:	3 pro Seite	Reizdauer:	30 Sekunden
Reizintensität:	Maximale Bewegungsreichweite		
Beschreibung:	Ausgehend von der Bauchlage wird sich auf die gestreckten Arme gestützt. Das Gesäß aktiv anspannen und den Oberkörper weiter aufrichten, dabei den Kopf langsam in den Nacken nehmen. Darauf achten, dass sich das Becken nicht vom Boden abhebt.		

Tab. 15: Dehnung der Gesäß und Bauchmuskulatur

Zielmuskulatur:	- M. gluteus medius - M. obliquus externus abdominis - M. obliquus internus abdominis - M. transversus abdominis		
Dehnmethode:	passiv	Arbeitsweise:	dynamisch
Reizumfang:	3 pro Seite	Reizdauer:	30 Sekunden
Reizintensität:	Maximale Bewegungsreichweite		
Beschreibung:	Einnahme der Rückenlage. Das linke Bein anwinkeln Ober- und Unterschenkel bilden ein Winkel von 90°, das rechte Bein bleibt gestreckt. Das linke Bein über die Körpermitte nach rechts kippen und mit der rechten Hand das Knie langsam Richtung Boden führen. Darauf achten, das die Schultern am Boden bleiben.		

Tab. 16: Dehnung der Hüftbeuger

Zielmuskulatur:	- M. iliopsoas		
Dehnmethode:	Passiv	Arbeitsweise:	Dynamisch
Reizumfang:	3 pro Seite	Reizdauer:	30
Reizintensität:	Maximale Bewegungsreichweite		
Beschreibung:	Ausgehend von einer knienden Position, Ausfallschritt mit dem rechten Bein nach vorne, sodass Ober- und Unterschenkel einen Winkel von 90° einnehmen. Der Oberkörper wird aufgerichtet, die Hüfte nach vorne geschoben bis sich ein Dehngefühl in der Leistengegend einstellt. Stellt sich dieses Gefühl nicht ein, den Fuß weiter nach vorne schieben und die Hüfte soweit nach vorne schieben, bis Ober- und Unterschenkel einen Winkel von 90° einnehmen. Die Hände können in der Hüfte abgelegt werden. Um den Zug zu vergrößern, kann der Oberkörper weiter nach hinten gestreckt werden.		

Tab. 17: Dehnung der Adduktoren

Zielmuskulatur:	- Mm. adductores		
Dehnmethode:	Aktiv	Arbeitsweise:	Dynamsich
Reizumfang:	3 pro Seite	Reizdauer:	15 Wiederholungen
Reizintensität:	Maximale Bewegungsreichweite		
Beschreibung:	Sitzend, die Fußsohlen aneinander legen, Oberkörper aufrichten. Die Hände greifen die Sprunggelenke und ziehen die Fersen soweit wie möglich zum Gesäß. Die Unterarme /Ellbogen liegen auf der Oberschenkelinnenseite auf. Jetzt langsame und gleichmäßige Auf- und Abwärtsbewegungen mit den Oberschenkeln, vergleichbar wie der Flügelschlag eines Schmetterlings		

Tab. 18: Dehnung der Oberschenkelvorderseite

Zielmuskulatur:	- M. Quadrizeps femoris - M. tibialis		
Dehnmethode:	Postisometrisch	Arbeitsweise:	Statisch
Reizumfang:	3 pro Seite	Reizdauer:	60 Sekunden
Reizintensität:	Maximale Bewegungsreichweite		
Beschreibung:	Einnahme der Bauchlage. Umfassen des linken Fußes und die Ferse leicht zum Gesäß ziehen. Darauf achten, dass die Oberschenkel parallel zueinander liegen und der Beckenkamm dauerhaft Kontakt zum Boden hat. Leichter Zug auf der Oberschenkelvorderseite sollte zu spüren sein. Anschließend das Bein wieder auf dem Boden ablegen und für ca. 6- 10 Sekunden Druck gegen den Boden ausüben, sodass sich das Schienbein vom Boden abhebt und versucht wird, den Boden wegzudrücken. Danach die Muskulatur ca. 2-3 Sekunden entspannen. Nun die Ferse soweit es geht zum Gesäß ziehen und ca. 10- 20 Sekunden halten. Dieser Wechsel zwischen Anspannung und Dehnung sollte ca. 60 Sekunden lang im Wechsel durchgeführt werden, bevor die Beinseite gewechselt wird.		

Tab. 19: Dehnung der Oberschenkelrückseite

Zielmuskulatur:	- M. biceps femoris - M. semitendinosus - M. semimembranosus		
Dehnmethode:	Postisometrisch	Arbeitsweise:	Statisch
Reizumfang:	3 pro Seite	Reizdauer:	30 Sekunden
Reizintensität:	Maximale Bewegungsreichweite		
Beschreibung:	Hilfsmittel: Stuhl/ Bank. Einnahme der Rückenlage, so positionieren, dass das Bein zu dehnenden Bein nach oben gestreckt als auch mit der Ferse auf dem Stuhl abgelegt werden kann. Die Wade des linken Beins umfassen und langsam zum Oberkörper ziehen bis ein Dehnschmerz vernommen wird. Darauf achten, dass das Knie durchgestreckt bleibt. Anschließend das Bein in einer 90°- Beugung des Hüft- und Kniegelenks auf dem Stuhl ablegen und für ca. 6- 10 Sekunden Druck gegen die Sitzfläche ausüben. Danach die Muskulatur ca. 2-3 Sekunden entspannen. Wieder das gestreckte Bein an der Wade fassen und zum Oberkörper ziehen und ca. 10- 20 Sekunden halten, das Gegenbein bleibt auf dem Boden liegen. Dieser Wechsel zwischen Anspannung und Dehnung sollte ca. 60 Sekunden lang im Wechsel durchgeführt werden. Bevor die Beinseite gewechselt wird.		

Tab. 20: Dehnung der Wadenmuskulatur

Zielmuskulatur:	- M. gastrocnemius - M. soleus		
Dehnmethode:	Passiv	Arbeitsweise:	statisch
Reizumfang:	3 pro Seite	Reizdauer:	30 Sekunden
Reizintensität:	Maximale Bewegungsreichweite		
Beschreibung:	Aus dem Vierfüßlerstand die Beine langsam strecken, das Gesäß Richtung Decke schieben und die Fersen auf den Boden drücken, gegebenenfalls ein Bein beugen und das andere strecken.		

Bei der Auswahl der Dehnübungen wird auf das Ergebnis der Diagnostik zurückgegriffen. Da keine Defizite durch die Beweglichkeitstestung zu erkennen sind, werden in den Übungen alle großen Muskelgruppen berücksichtigt und kein Schwerpunkt gebildet. Die Reihenfolge ist bewusst von Kopf nach Fuß gewählt worden, da sich hier am Bewegungsapparat und dem Verlauf der Muskulatur orientiert wird.

In der Wissenschaft gibt es unterschiedliche Ansätze auf welcher Art und Weise, bei welcher Sportart, zu welchem Zeitpunkt des Trainings (vor, während, danach oder als gesonderte Einheit) die Steigerung der Beweglichkeit, hier in Form von Dehnen, am effektivsten sind (Freiwald, 2009, Kap. 13). Deshalb erhält der Kunde angelehnt an seinem Trainingsschwerpunkt (funktionelles Krafttraining) einen Trainingsplan über elf-Basisdehnübungen. Angestrebt wird ein tägliches Dehnen nach seinen jeweiligen sportlichen Belastungen. Um dabei von einem Optimalprogramm reden zu können, sollte die Reizdauer bei ca. 45 Sekunden (statisch, Freiwald, 2000) oder 15 Wiederholungen (dynamisch, Freiwald, 2004) liegen, der Reizumfang in 3-4 Serien erfolgen (Rancour, Holmes & Cipriani, 2009; Franco, Signorelli, Trajano & De Oliveira, 2008) und sich die Reizintensität nah an der maximal tolerierbaren Schmerzgrenze orientieren. Dies wird für den Fitness- und Gesundheitssportler nicht empfohlen, kann bei unserem Kunden aufgrund seines Trainingsalters und seiner Erfahrung als Anhalt genutzt werden. Für den Freizeit- und Gesundheitssportler empfiehlt sich die Verwendung einer Skala zur subjektiven Einschätzung der Dehnungsintensität nach Freiwald (2009, S. 294). Sie ermöglicht eine differenziertere Beschreibung der Dehnwahrnehmung als es mit den Begriffen Dehnschwelle, Dehngrenze und maximale Bewegungsreichweite nach Schönthaler und Ohlendorf (2002) möglich ist.

Die Übungen sind eine kleine Auswahl aus einem Katalog an Übungen, welche über die Zeit erweitert und individuell für den jeweiligen Trainingsschwerpunkt angepasst werden müssen. Die aktuellen Trainingseinheiten werden um ein 15-30 minütiges „Cool Down" (Ausdehnen) erweitert. Denn Bezug nehmend auf seine Trainingshäufigkeit geht es bei den jeweiligen Trainingseinheiten darum, mittels Dehnen am Ende des Trainings die Rekompensation (Regeneration und Kompensation) einzuleiten, Puls und Dehnungswiderstand (Hysterese) zu senken und ein subjektives gutes Gefühl aus dem Training mitzunehmen (Schönthaler & Ohlendorf, 2002; Freiwald, 2009, S. 239- 244). Langfristige Effekte sind eine Festigung und Kräftigung des Bindegewebes, Aufrechterhaltung und speziell hier eine Verbesserung der Beweglichkeit. Gerade deshalb und aufgrund des recht hohen leistungsorientierten Trainingspensums, welches über das Maß eines Fitness- und Gesundheitssportler hinausgeht, sollte eine separate Mobilisations- und Dehneinheit als gesonderte Einheit in Betracht gezogen werden. Denn grundsätzlich kommt es bei einem Dehntraining wie auch bei Ausdauersport, Bodybuilding oder Reha-Sport zu Adaptionen, der jeweils durch überschwellige Reize/ Belastung trainierten Bereiche.

4 Trainingsplanung Koordinationstraining

Der Trainingsplan des Kunden orientiert sich an seinem bisherigen funktionellen Kraft-training und wird in die jeweilige Einheit vor dem eigentlichen Krafttraining integriert. Alternativ wird eine funktionelle Krafteinheit durch eine reine Koordinationseinheit ersetzt. Das heißt je nach Mikrozyklus, 3- 4 mal die Woche für ca. 15- 20 Minuten vor einer Krafteinheit oder 45 Minuten als eigenständiges Training. Auf eine ausreichende Regeneration vor den Einheiten ist zu achten. Als Hilfsmittel kommen, Balance Pad, Balance Board, Pezziball und Slack Rack sowie unterschiedlich große und schwere Me-dizinbälle zum Einsatz. Trainiert wird auf Socken oder barfuß.

Tab. 21: Übung 1 und 2

Übung 1 und 2:	Einbeinstand auf dem Balance Pad / mit geschlossenen Augen
Belastungsdauer:	60 Sekunden pro Seite
Sätze:	3
Satzpausen:	45 Sekunden
Durchführung:	Übung 1: Aufrechter Stand. Schrittstellung auf dem Balance Pad mit ausgestreckten Armen (T-Position). Beugen des rechten Beins im Kniegelenk um ca. 30°, bis das Knie gerade über der Fußspitze (Lot) ist. Verlagerung des Gewichtes auf das rechte Bein und den linken Fuß abheben. Kniebeugestellung halten, Beine berühren sich nicht. Anschließend Seitenwechsel. Übung 2: Siehe Übung 1. Nach dem abheben des Fußes zusätzlich Augen schlie-ßen.

Tab. 22: Übung 3 und 4

Übung 3 und 4:	Schulterbreiterstand auf dem Balance Board / mit Kniebeugen
Belastungsdauer:	60 Sekunden / 15 Wiederholungen (Kniebeugen)
Sätze:	3
Satzpausen:	60 Sekunden
Durchführung:	Übung 3: Aufrechter Stand. Hüftbreite Stellung auf dem Balance Board mit ge-streckten Armen. Leichte Beugung in den Knien. Brust raus, Bauch und Gesäß anspannen. Kniebeugestellung halten und das Board ausbalancieren. Übung 4: Siehe Übung 3. Nach dem Ausbalancieren Kniebeugen durchführen, dazu Kniegelenk zwischen 70 – 90° beugen. Arme unterstützen beim Balancieren.

Tab. 23: Übung 5 und 6

Übung 5 und 6:	Balancieren im Sitz auf dem Pezziball / mit äußeren Kraftimpulsen
Belastungsdauer:	60 Sekunden
Sätze:	3
Satzpausen:	45 Sekunden
Durchführung:	Übung 5: Sitzen auf dem Ball. Füße vom Boden lösen und Gleichgewicht halten. Zuerst mit Händen am Ball und dann beide Arme zum Ausbalancieren seitlich hal-ten. Übung 6: Siehe Übung 5. Der Trainer oder Trainingspartner wirft zusätzlich unter-schiedlich große und schwere Bälle, rechts, links und oberhalb des Körpers, wel-che gefangen und zurückgeworfen werden müssen.

Tab. 24: Übung 7 und 8

Übung 7 und 8:	Balance im Kniestand auf dem Pezziball / mit äußeren Kraftimpulsen
Belastungsdauer:	60 Sekunden
Sätze:	3
Satzpausen:	45 Sekunden
Durchführung:	Übung 7: Hinter den Ball knien. nach vorne in den Vierfüßlerstand auf den Ball rollen. Aufrichten in den Kniestand durch Ablösen der Hände. Beide Arme zum Ausbalancieren seitlich austrecken und Gleichgewicht finden und halten.
	Übung 8: Siehe Übung 7. Der Trainer oder Trainingspartner wirft zusätzlich unterschiedlich große und schwere Bälle, rechts, links und oberhalb des Körpers, welche gefangen und zurückgeworfen werden müssen. Dabei ist die Balance zu halten.

Tab. 25: Übung 9 und 10

Übung 9 und 10:	Einbeinstand auf dem Slackline Rack / Zweibeinstand
Belastungsdauer:	60 Sekunden pro Seite / 60 Sekunden gesamt
Sätze:	3
Satzpausen:	45 Sekunden
Durchführung:	Übung 9: Knie leicht gebeugt. Oberkörper aufrecht. Arme befinden sich auf Höhe des Kopfes „ Hände hoch!" Position. Das Körpergewicht wird möglichst zentral über das Standbein gelegt. Arme und das freie Bein balancieren den Körper aus.
	Übung 10: Siehe Übung 9. Es werden beide Beine auf die Slackline gestellt. Hauptgewicht liegt auf dem vorderen Bein. Arme balancieren den Körper aus.

Bei den oben beschriebenen Übungen handelt es sich in erster Linie um Gleichgewichtsübungen. Das Gleichgewicht ist eine der sieben speziellen motorischen Fähigkeiten und gehört neben der Differenzierungs-, Orientierungs-, Reaktions-, Kopplungs-, Rhythmisierungs- und Umstellungsfähigkeit (Chwilkowski, 2006, S. 10-11; Hirtz, 2007, S. 220-222) zur motorischen Fähigkeit Koordination. Diese ermöglicht das Erlernen, Steuern und Anpassen von Bewegungen. Je ausgeprägter diese Fähigkeiten sind, desto präziser, direkter und ökonomischer werden Bewegungen ausgeführt. Durch ein gezieltes Training lassen sich alltägliche und sportliche Belastungen besser kompensieren, da neben der intramuskulären auch die intermuskuläre Koordination, sprich das Zusammenspiel von Nerven und Muskelfasern innerhalb eines Muskels und das Zusammenspiel von verschiedenen beteiligten Muskeln bei einer Bewegung, verbessert werden (Chwilkowski, 2006, S. 9).

Bei der Trainingsgestaltung können mittels motorisch-koordinativer Druckbedingungen der Schwierigkeitsgrad und die äußeren Einflüsse reguliert werden. Hier unterscheiden Neumaier und Mechling (1994) sechs Druckbedingungen. Den Zeit-, Präzisions-, Komplexitäts-, Organisations-, Belastungs- und Variabilitätsdruck. Des Weiteren wird die Verarbeitung der Information in efferent und afferent unterteilt. Aus methodisch und didaktischer Sicht ist das Training so aufzubauen, das vom Bekannten zum Unbekannten, vom Leichten zum Schweren, vom Langsamen zum Schnellen, vom Statischen zum Dynamischen und vom Einfachen zum Komplexen gearbeitet wird. Dies kann alleine durch Hinzunahme von Hilfsmittel oder der Positionierung am bzw. auf dem Gerät passieren.

Bei unserem Kunden handelt es sich um einen Individualsportler, der neben Mannschafts- und Ausdauersport (Fußball und Radfahren) im Schwerpunkt funktionelles Krafttraining betreibt. Aufgrund seines Trainingsalters, seines Trainingspensums und seiner, nach der Einsatzverwundung in der Reha gemachten, propriozeptiven Trainingserfahrung können wir hier von einem erfahrenen Sportler sprechen. Mit ihm können deshalb relativ schnell komplexe Übungen, unter Nutzung von Hilfsmitteln, durchgeführt werden. Neben dem, wie schon zu Beginn, erwähnten Gleichgewichttrainings wird beim propriozeptiven Trainings die Anpassungs- und Reaktionsfähigkeit mittrainiert (Häflinger & Schuba, 2007, S.21). Ziel ist es nach Häflinger und Schuba (2007, S.24), die Tiefensensibilität, die Körperwahrnehmung, die reflektorische Muskelaktivität mithilfe von passivem und aktiven Bewegungen zu verbessern sowie die physiologische Gelenkstellung wiederherzustellen und zu stabilisieren. Danach kann mit Hilfe der oben beschriebenen Übungsauswahl an der statischen und dynamischen Balance und an der Bewegungsvielfalt mit entsprechender Bewegungsqualität gearbeitet werden. Bei den Belastungsparametern wird sich an die von Chwilkowki, Häfelinger und Schuba (2006, S. 61; 2007, S.61) modifizierten Empfehlungen orientiert.

5   Literaturrecherche

Tab. 26: Akute Effekte des schnellen dynamischen Dehnens auf die Schnellkraft von Eishockeyspielern: eine Pilotstudie (Rogan, Blasimann, Steiger, Torre & Radlinger, 2012, S. 207-211)

Titel:
Akute Effekte des schnelle dynamischen Dehnens auf die Schnellkraft von Eishockeyspielern: eine Pilotstudie
Studiendurchführung:
Rogan, S.[1], Blasimann, A.[2], Steiger M.[1], Torre, A.[1], Radlinger, L.[2]   [1]Bachelorstudiengang Physiotherapie, Berner Fachhochschule Gesundheit, Bern, Schweiz   [2]Angewandte Forschung & Entwicklung Physiotherapie, Berner Fachhochschule Gesundheit, Bern, Schweiz
Publikationsjahr:
2012
Versuchspersonen:
12 gesunde männliche Probanden zweier unabhängiger Eishockeymannschaften (6 Junioren-B-Spieler im Durchschnitt: 16,8 ± 0,4 Jahre, 176,8 ± 5,3, 69,7 ± 8,2, BMI 22,6 ± 1,8 kg/m^2 und Elite-A-Spieler im Durchschnitt: 18,8 ± 1,0 Jahre, 180,2 ± 3,4 cm, 80,3 ± 10,8 kg, BMI 24,9 ± 4,2 kg/m^2) des EHC SenSee Future, Düdigngen, Schweiz. Befinden sich in der laufenden Meisterschaft mit durchschnittlich 3x90 min Einheiten und 1-2 Spielen pro Woche. Ausschlusskriterien: akute Verletzungen und Verletzungen der unteren Extromitäten innerhalb des letzten halben Jahres.
Versuchsaufbau:
Die Pilotstudie wird im Pre-Posttest-Design durchgeführt. Nach der Erhebung der allgemeinen und biometrischen Daten erfolgt ein 10-minütiges Aufwärmen, bevor die Pretestung durchgeführt wird. Diese beinhaltet einen Drop Jump (DJ), in eigener Eishockeyausrüstung mit Turnschuhen (zur Schonung der Sprungmatte), aus 40 cm Höhe mit insgesamt drei Durchgängen. Danach erfolgt ein Sprintlauf aus dem Stand über 20m auf dem Eis. Der Start erfolgt auf ein Kommando des Testleiters. Erneut drei Durchgänge, inklusive 2-minütiger Pause. Anschließend erfolgt die schnell dynamische Dehnübung (SDD) des M. glutaeus maximus auf dem Boden in Rückenlage. Auf die Dehnübung erfolgt eine 2-minütige Pause bevor im Anschluss die Posttestung in derselben Reihenfolge durchgeführt wird.
Ergebnisse und Schlussfolgerung:
Bei der erneuten Durchführung des DJ wird bei Junioren B (Vor: 209,9 ± 37,6 ms und nach: 225,9 ± 39,4 ms) und der Elite A-Junioren (Vor: 158,6 ± 66,0 ms und nach: 195,5 ± 36,7 ms) eine Verlängerung der Bodenkontaktzeit (~16ms, p=0,046 bzw. ~ 37ms, p=0,075) gemessen. Des Weiteren werden keine deutlich erkennbaren Veränderungen bei der Sprunghöhe (B Junioren vor: 34,3 ± 6,7 cm, nach: 35,7 ± 5,9 cm und Elite A vor: 28,2 ± 12,3cm, nach 26,4 ± 11,6 cm) sowie bei der Sprintzeit (B Junioren vor: 3,6 ± 0,2 s, nach: 3,7 ± 0,2 s und Elite A vor: 3,8 ± 0,1 s, nach 3,7 ± 0,2 s) festgestellt.
Es wird gezeigt, dass ein gezieltes SDD der Gesäßmuskulatur keinen Einfluss auf die Schnellkraft der Eishockeyspieler hat und lediglich eine Verlängerung der Bodenkontaktzeit festgestellt werden kann. Zudem wird eine Anpassung des Studienprotokolls hinsichtlich der zu dehnenden Muskulatur und der Sprintleistungen empfohlen. In zukünftigen Untersuchungen sollte die Hauptmuskulatur der Strecker- und Beugerschlingen mit einbezogen werden. Zudem wäre eine Erweiterung der Sprintdistanzen auf 5, 10, 20 und 30m und den damit verbunden neuen Messwerte ratsam.

Tab. 27: Dehnen und Leistung – primär psychophysiologische Entspannungseffekte?

(Wiemeyer, 2003, S. 288- 294)

Titel:
Dehnen und Leistung - primär psychologische Entspannungseffekte?
Studiendurchführung:
Wiemeyer, J. Institut für Sportwissenschaften, TH Darmstadt
Publikationsjahr:
2003
Versuchspersonen:
Der Versuch wird mit 14 erwachsenen Personen davon sechs Frauen und acht Männer durchgeführt. Die Probanden sind im Durchschnitt 21 Jahre alt, 174 cm groß und wiegen 66kg.
Versuchsaufbau:
Die Probanden werden in zwei gleich große Gruppen eingeteilt und absolvieren an zwei verschiedenen Testtagen, die jeweils für sie geplante Testungsphase (AB- und BA-Plan). Die Phase A (Dehnen) besteht aus vier gemessenen Standhochsprüngen (vertikaler Strecksprung mit Ausholbewegung), gefolgt von einem fünfminütigem standardisierten Aufwärmprogramm (Lauf- und Sprungübungen). Danach folgt eine erneute Standhochsprungmessung mit vier Wiederholungen. Anschließend wird ein sechsminütiges statisches Dehnen durchgeführt (3 Muskeln, 3x 20 Sekunden halten). Gedehnt werden der M. glutaeus maximus, der M. quadriceps femoris und der M. gastrocnemius. Abgeschlossen wird die Phase mit einer erneuten Standhochsprungmessung mit gleichbleibender Wiederholungszahl. Die Phase B (Entspannung) ist vom Ablauf aufgebaut wie Phase A unterscheidet sich lediglich im vierten Abschnitt. Dort wird Anstelle der Dehnung ein sechsminütiges Entspannungsprogramm (meditative Atementspannung mit Musik und Text im Droschkenkutschersitz auf einem Stuhl) durchgeführt. Das gewählte Forschungsdesign ermöglicht zusätzlich die Betrachtung des Aufwärmeffektes auf die Sprungleistung.
Ergebnisse und Schlussfolgerung:
Nach dem Aufwärmen kann ein Anstieg der Sprunghöhe um 4.4 bzw. 4.5 % nachgewiesen werden. Gleichzeitig sinkt die Sprunghöhe nach der Durchführung der Dehnung um durchschnittlich 2.6% und um 2.2% nach dem Entspannungsprogramm. Von einem deutlichen Abfall der Sprunghöhe sind nach dem Dehnen 12 Probanden und nach der Entspannung 10 Probanden betroffen. Bei neun Probanden verändert sich die Sprunghöhe nach dem Dehnen deutlicher als nach der Entspannung, bei vier Probanden ist dies umgekehrt. Durch die angewandten Korrelationsverfahren kann eine ausgezeichnete Test- Retest- Reliabilität verzeichnet werden. Diese Testung knüpft an zahlreiche vorherige Studien an und bestätigt die – zumindest kurzfristigen – negativen Effekte des statischen Dehnens auf die Kraft- und Schnellkraftleistung. Ähnlich wie die der psychophysiologischen Entspannung. Dennoch besteht kein vollständiger Zusammenhang zwischen Dehn- und Entspannungseffekte. Weitere Untersuchungen die sich mit einer Negierung der negativen Effekte des Dehnen und Entspannen beschäftigen werden empfohlen.

6   Literaturverzeichnis

Chwilkowski, C. (2006). Medizinisches Koordinationstraining – Verbesse- rung der Haltungs- und Bewegungskoordination durch Propriozeption (2. Aufl.). Köln: Deutscher Trainer Verlag.

Hirtz, P. (2007). Koordinative Fähigkeiten und Beweglichkeit. In K. Meinel, G. Schnabel & J. Krug (Hrsg.), Bewegungslehre – Sportmotorik (11. Aufl., S. 212-242). Aachen: Meyer & Meyer.

Franco, B. L., Signorelli, G. R., Trajano, G. S. & De Oliveira, C. (2008). Acute effects of different stretching exercises on muscular endurance. *Journal of Strength and Conditioning Research, 22* (6), 1832-1837.

Freiwald, J. (2000). Dehnen im Sport und in der Therapie. *Die Säule, 4* (1), 28-33.

Freiwald, J. (2004). *Dehnen – Legenden, Fakten.* Vortragsskript, Waldenburg.

Freiwald, J. (2009). *Optimales Dehnen. Sport – Prävention – Rehabilitation.* Balingen: Spitta

Häfelinger, U. & Schuba, V. (2007). Koordinationstherapie - propriozeptives Training (3. Aufl). Aachen: Meyer & Meyer.

Janda, V. (2000). *Manuelle Muskelfunktionsdiagnostik* (4. Aufl). München: Urban und Fischer.

Klee, A. & Wiemann, K. (2005). *Beweglichkeit, Dehnfähigkeit.* Schorndorf: Hofmann Verlag.

Neumaier, A. & Mechling, H. (1994). Taugt das Konzept „koordinativer Fä- higkeiten" als Grundlage für sportartspezifisches Koordinationstrai- ning? In P. Blaser, K. Witte & C. Stucke (Hrsg.), Steuer- und Regelvor- gänge der menschlichen Motorik (S. 93-105). Sankt Augustin: Acade- mia.

Rancour, J., Holmes, C. F. & Cipriani, D. J. (2009). The effects of intermittent stretching following a 4-week static stretching protocol: a randomized trial. *Journal of Strength and Conditioning Research, 23* (8), 2217- 2222.

Rogan, S., Blasimann, A., Steiger, M., Torre, A. & Radlinger, L. (2012). Akute Effekte des schnellen dynamischen Dehnens auf die Schnellkraft von Eishockeyspielern: eine Pilotstudie. *Sportverletzung – Sportschaden*, 26 (4), 207-211.

Schönthaler, S. R. & Ohlendorf, K. (2002). *Biomechanische und neurophysiologische Veränderungen nach ein- und mehrfach seriellem passiv- statischem Beweglichkeitstraining.* Köln: Sport und Buch Strauß.

Wiemeyer, J. (2003). Dehnen und Leistung – primäre psychophysiologische Entspannungseffekte ? *Deutsche Zeitschrift für Sportmedizin*, 54 (10), 288- 294.

Wydra, G., Glück, S. & Roemer, K. (1999). Kurzfristige Effekte verschiedener singulärer Muskeldehnungen. *Deutsche Zeitschrift für Sportmedizin*, 50 (1), 10-16.

7 Abbildungs- und Tabellenverzeichnis

7.1 Tabellenverzeichnis